W0240412

Liebe Kolleginnen und Kollegen,

Mitmach-Geschichte - das ist nichts Fertiges zum Abheften und Vergessen, sondern bedeutet Anregung zum handelnden Umgang mit konkreten geschichtlichen Gegenständen durch Malen, Zeichnen, Lesen, Puzzeln, Basteln oder Rätseln. Deshalb sollten Stifte, Kleber und Scheren stets griffbereit sein.

Kopiervorlagen können natürlich keine Schulbücher oder andere Medien und schon gar nicht das Lehrer-Schüler-Gespräch im Unterricht ersetzen. Auch ist Handlungsorientierung natürlich kein Allheilmittel für alle Unterrichtsprobleme, kann aber sicher zu mehr Motivation, Spaß und gesichertem Grundwissen beitragen.

Die Kopierblätter sind einsetzbar im „normalen" Unterricht, für die Hausaufgabe, in der Freiarbeit, im Vertretungsunterricht, für Wiederholungen oder (teilweise) als Testaufgaben.

Die Themenauswahl und die Inhalte orientieren sich an den gängigen Geschichtsbüchern und sind für alle Schulformen der Orientierungsstufe und Sekundarstufe I geeignet. Natürlich kann es vorkommen, daß einzelne Begriffe der Rätsel im Unterricht nicht erarbeitet worden sind. Es schadet aber nichts, wenn der/die Lehrer/in hilfreich einspringt (bitte Lösungsteil beachten!).

Viel Spaß bei **Mitmach-Geschichte** wünscht Ihnen

Ihr

Dieter Potente

Alt - und Jungsteinzeit

Menschen und Tiere der Steinzeit

Die Steinzeitmenschen der letzten großen Eiszeit (etwa 120 000 - 10 000 v. Chr.) lebten in weiten Steppen- und Strauchlandschaften, die sich am Rande der Eisgletscher und Schneefelder ausdehnten.

Diese Menschen vom Typ „Neandertaler" wohnten oft in Höhlen oder unter Felsvorsprüngen. Sie waren kaum 1,60 m groß, ihr Körper war gedrungen, die Stirn wich schräg nach hinten zurück, und starke Knochenwülste überschatteten die tiefliegenden Augen.
Neben dem Sammeln von Pflanzenfrüchten, Beeren oder Pilzen ernährten sie sich von der Jagd. Kleintiere konnte ein Mann vielleicht noch allein erlegen. Aber gefährlich war der Angriff auf das große Mammut, das Wollnashorn, den Auerochsen oder Höhlenbären. Deshalb schlossen sich Jagdgemeinschaften (Horden) zusammen, um mit Mut und List die Großtiere gemeinsam zu erlegen.

Wenn du die Bilder ausmalst, ausschneidest und auf einen Karton klebst, bekommst du eine gewisse Vorstellung von der Steinzeit (die größeren Teile kann man zur besseren Stabilität mit einem Pappstreifen nach hinten abstützen). Sicher mangelt es dir nicht an Phantasie, um die Steinzeitlandschaft noch zu ergänzen (Bäume, Büsche und so weiter ...)!

Neandertaler vor ihre Wohnhöhle
beim Ausweiden eines erlegten Tieres.

Höhlenbär - fast 3 m lang, überwiegend Pflanzenfresser.

Mammut - ca. 4 - 5 m hoch, 8 Tonnen schwer, zottiges Fell und dicke Fettschicht schützten vor Kälte, vor ungefähr 10 000 Jahren ausgestorben.

Wisent - weidete in riesigen Herden auf den Grasflächen Europas. Als es wärmer wurde und die Wälder zunahmen, verschwand er aus Europa.

Wollnashorn - das knapp 1 m lange Vorderhorn diente als Waffe und Schneeschaufel bei der Futtersuche.

Alt - und Jungsteinzeit

Steinzeit-Rätsel

Wer schon den Lückentext von Seite 5 ausgefüllt hat, wird hier schnell des Rätsels Lösung finden. Für Experten kann es aber auch reizvoll sein, sich erst an diese Seite zu begeben. Die Rätsel-Wörter werden waagerecht eingetragen (ä = ae). Die Buchstaben der dick umrandeten Felder ergeben von oben nach unten das Lösungswort.

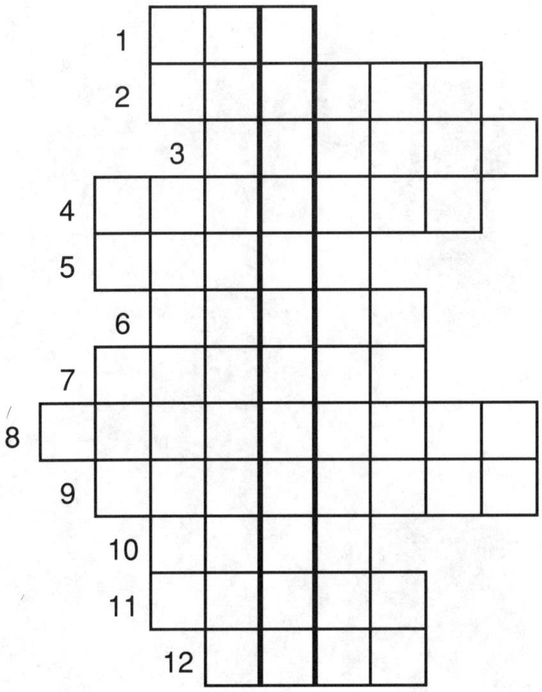

1 Material für die Töpferei
2 „Beruf " des Altsteinzeit-Menschen
3 Steinzeit-Elefant
4 Arbeit zur Herstellung von Fäden
5 Gruppe von Höhlenbewohnern
6 Jagdwaffe
7 Apparat zur Herstellung von Steinäxten
8 Urwerkzeug
9 Höhle mit Felszeichnungen in Spanien
10 Material für den Häuserbau
11 Urmaterial
12 Nahrungsmittel seit der Jungsteinzeit

Lösungswort ____________________________

Wörter suchen

Im Dickicht der Buchstaben haben sich MAMMUT, NASHORN, BÄR und WISENT versteckt. Sobald du die quer, waagerecht, senkrecht oder rückwärts geschriebenen Wörter gefunden hast, umkreise sie mit einem Stift!

R	Ä	B	E	F	G	M	A	L	S	B	W	A	A	H
E	S	E	E	A	G	S	A	K	A	B	I	I	O	I
H	W	P	P	Ü	M	M	N	M	V	E	S	R	T	T
A	A	E	F	G	G	H	N	O	M	Q	E	S	A	O
B	C	H	I	G	B	F	D	L	C	U	N	H	I	O
H	K	R	T	T	O	A	A	B	H	K	T	L	M	N
N	A	S	H	O	R	N	B	C	L	M	M	Z	T	E
A	C	D	S	L	W	Q	Z	U	I	P	A	S	T	D

Seitenteile

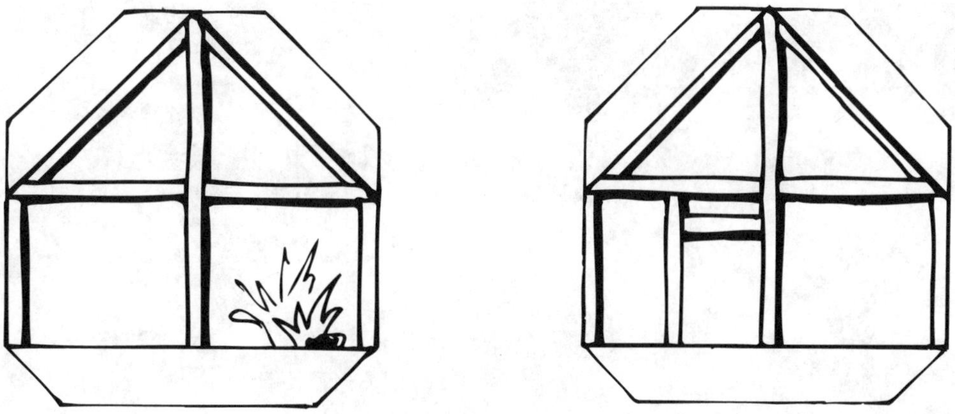

Grundplatte

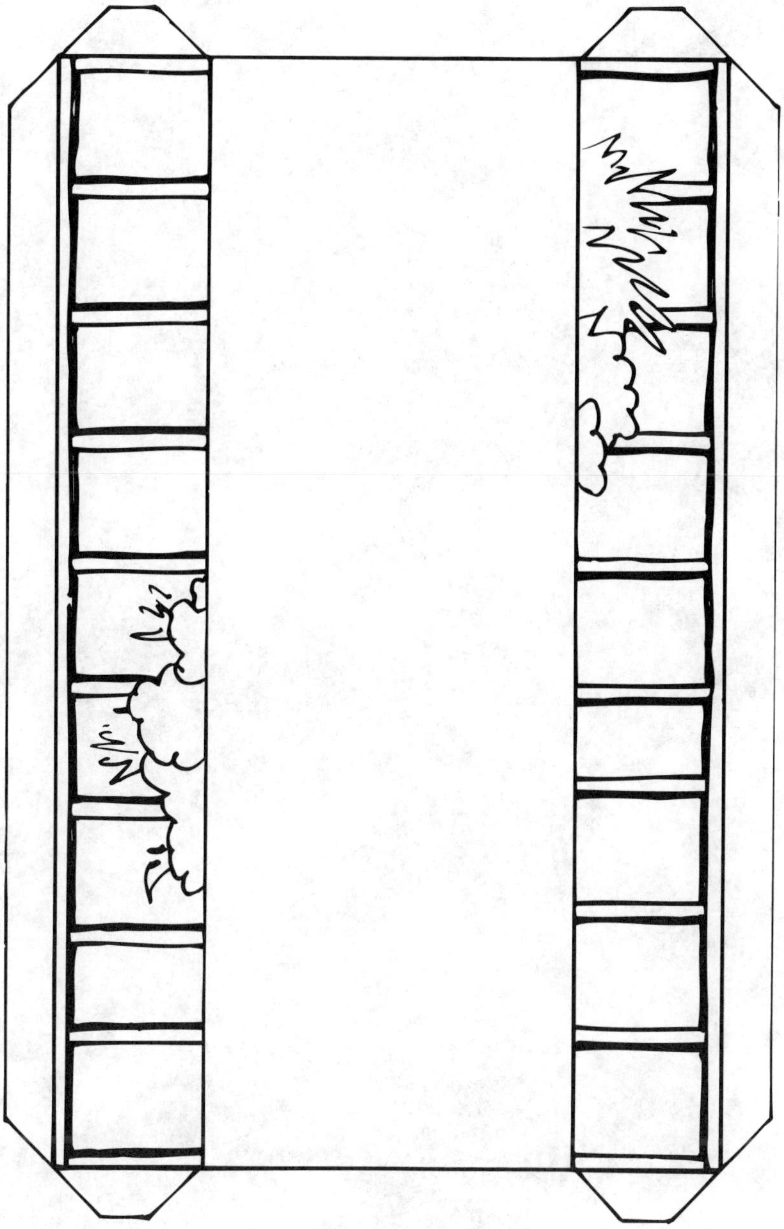

Alt - und Jungsteinzeit

Haus der Jungsteinzeit

Seit die Menschen dazu übergegangen waren, Äcker und Getreide anzubauen, versuchten sie, ihre Behausungen fester und komfortabler anzulegen als bisher.

Dazu wurden zunächst Baumstämme mit Steinbeilen unten zugespitzt und in etwa gleichen Abständen in den Boden gerammt. Quer zu diesen Stämmen wurden Hölzer obenauf als Rahmen angebracht. Aus dünneren Stämmen waren die Dachbalken, die mit Kerben versehen auf dem Rahmen befestigt waren und zu einem steilen Giebel aufgerichtet wurden. Auf quer zu den Dachbalken verlegten Ästen brachte man nun Schicht für Schicht Schilf-, Binsen- oder Strohbündel an, um das Haus vor Schnee, Regen und Kälte zu schützen. Nun konnten biegsame Äste zwischen den Wandpfosten in den Boden gesteckt und unter dem Dachrahmen eingeklemmt werden. Quer dazu wurde ein Flechtwerk aus Weidenruten geflochten und beiderseits mit Lehm zugeschmiert. An einer Wand ließ man eine Öffnung, durch die die Bewohner ein- und ausgehen konnten. Fenster oder Kamine kannte man noch nicht. Diese Häuser waren zwischen 10 und 35 m lang, hatten eine Breite von 5 - 8 m und eine Giebelhöhe von 4 m.

Das Papiermodell des Jungsteinzeithauses sollte zunächst farbig ausgemalt werden. Dazu benutzen wir die Farben braun für die Balken, gelb/beige für die Wände und gelb oder grün für das Dach. Danach werden die Einzelteile sauber ausgeschnitten und an den abgeschrägten Flächen zusammengeklebt.

Diese Zeichnung verdeutlicht den oben beschriebenen Vorgang des Hausbaus.

Dach

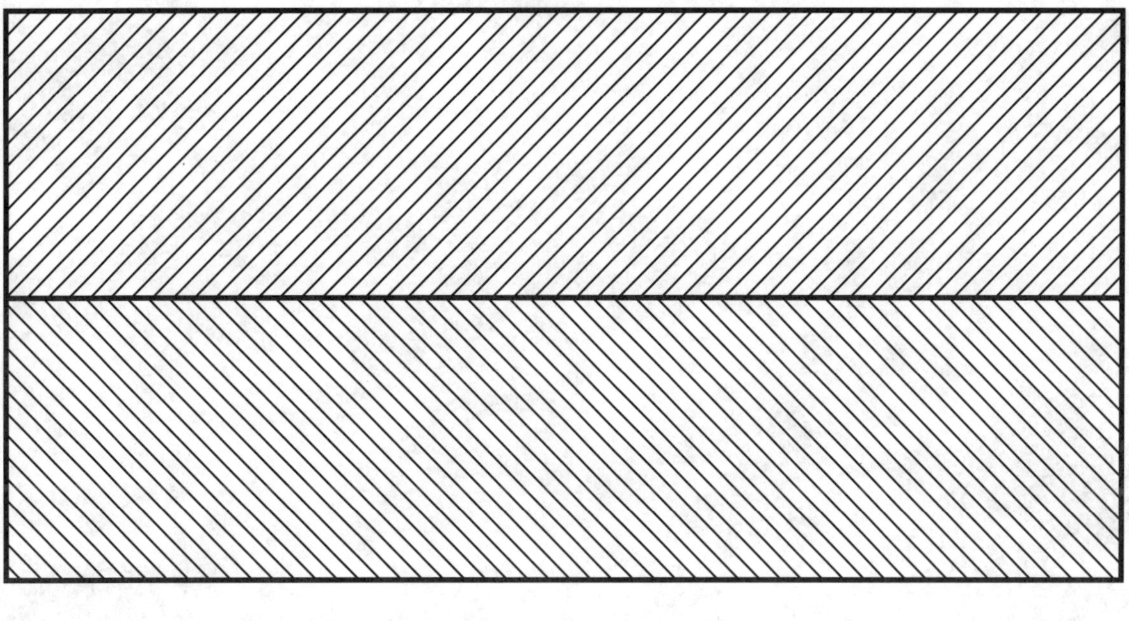

Alt - und Jungsteinzeit

Steinzeit mit Lücken

Die kleine Zusammenfassung über die Alt- und Jungsteinzeit wird dir helfen, wichtige Informationen zu behalten. Sicher fällt es dir nicht schwer, die Lücken mit folgenden Wörtern - allerdings in der richtigen Reihenfolge - zu füllen:

Holz / Spinnen / Mammut / Stein / Brot / Altamira / Darm / Ton /
Jäger / Kleidung / Faustkeil / Bohrer / Speer / Horde

Vorgeschichtsforscher haben festgestellt, daß es seit mindestens einer Million Jahren menschliches Leben auf der Erde gibt. Die frühen Menschen waren nicht seßhaft, sondern wohnten in Höhlen oder Zelten. Sie waren __________ und Sammler. Welche Tiere es damals gab, wissen wir auch von den Höhlenmalereien, zum Beispiel im spanischen Ort ______________ . Kleintiere konnte der Mensch vielleicht allein jagen, nicht aber Bären oder den Steinzeit-Elefanten, das ______________ . Deshalb schlossen sich mehrere Menschen zu einer Jagdgemeinschaft, der __________ , zusammen. Als Jagdwaffen wurden Pfeil und Bogen, die Keule oder der __________ verwendet. Von den erlegten Tieren war nicht nur das Fleisch verwendbar: Aus dem Fell konnte man ___________ herstellen, die Sehnen wurden für den Jagdbogen gebraucht, und der __________ leistete gute Dienste als Behälter für Lebensmittel. Für die Herstellung von Waffen oder Geräten benutzte man den _____________ als Handapparat. Mit ihm konnte das Urmaterial, der _________ , zu Messern, Schabern oder Klingen verarbeitet werden.

Mit der Zeit lernten die Menschen, Getreide anzubauen und Tiere zu züchten. Nun mußten sie nicht mehr hinter den Wildtieren herjagen und konnten an einem Ort wohnen bleiben. Sie wurden seßhaft und begannen Häuser zu bauen. Als Material dienten ___________ , Stroh und Lehm. Hatte man sich bisher nur von Pflanzen und Fleisch ernährt, wurde nun __________ zur wichtigsten Nahrung. Zahlreiche Erfindungen erleichterten das tägliche Leben in der Jungsteinzeit. Aus __________ wurden Gefäße zum Trinken oder zur Aufbewahrung von Lebensmitteln hergestellt. Durch das ______________ wurde aus Schafswolle oder Flachs Garn, das auf Handwebstühlen zu Stoffen verarbeitet werden konnte. Schon recht fortschrittlich war der steinzeitliche _____________ , mit dessen Hilfe handliche Beile oder Äxte entstanden. Aber Geduld mußte man dabei schon haben: Um einen 4cm dicken Stein sauber zu durchlöchern, waren 67 Arbeitsstunden nötig.

Die Griechen

Puzzle: Die zersprungene Deckelvase

Große Aufregung im Museum: Eine griechische Deckelvase aus dem Jahre 540 v. Chr. ist in 13 Teile zersprungen. Wenn es dir gelingt, das wertvolle Gefäß wieder zusammenzukleben, kannst du erkennen, wie zwei Liebespaare (Paris und Helena, Hektor und Andromache) voneinander Abschied nehmen, weil die Männer in den Krieg ziehen müssen. Ein Reitknecht hält schon die Pferde bereit.

Die Griechen

Wer war's?

Er entstammte einer alten, angesehenen Familie, denn sein Vater hatte sich als Feldherr große Verdienste erworben. Seine Mutter träumte wenige Tage vor ihrer Niederkunft, sie habe einen Löwen geboren.

Doch das Äußere des Knaben gab seinen Kritikern zeitlebens Anlaß zum Spott, den er aber immer mit der ihm eigenen Gelassenheit ertrug.
Der Geschichtsschreiber Plutarch bewunderte an ihm „seine Gesinnung voll hohen Ernstes, seine erhabene Sprechweise, die sich rein erhielt von aller niedrigen und gemeinen Schmeichelei, das beherrschte Antlitz, das so selten lachte, den gelassenen Gang, den anständigen Faltenwurf des Mantels, der auch bei leidenschaftlicher Rede nicht in Unordnung geriet, den ruhigen Klang seiner Stimme und noch viele Eigenschaften dieser Art, welche überall staunende Bewunderung erweckten."

Fast 30 Jahre lang gehörte er zu den führenden Männern des Staates, ohne je zu versuchen, sich zum Alleinherrscher aufzuschwingen. Vielmehr gab er auch den ärmeren Bürgern durch die Zahlung von Diäten (Tagegeldern) Gelegenheit, ein Staatsamt zu übernehmen.

Seine Staatsauffassung wird aus dem folgenden Rede-Ausschnitt deutlich: „Wir besitzen eine Verfassung, die die Einrichtungen anderer nicht nachahmt. Mit Recht heißt sie Demokratie, weil sie nicht auf der Herrschaft weniger Männer, sondern auf derjenigen der großen Menge des Volkes beruht. Auch ein armer Mitbürger, sofern er nur dem Staat nützen kann, wird wegen seines geringen Standes nirgends ausgeschlossen. Bei uns gilt einer, der dem politischen Leben ganz fern steht, nicht als ein Mann ohne Ehrgeiz, sondern als unnützer Mensch."

Ungewöhnlich für seine Zeit war auch sein Privatleben. Seine Kritiker bemängelten, daß er seine Lebensgefährtin, die man durchaus als „emanzipierte" Frau bezeichnen kann, zu gut behandelte und sie nicht, wie es üblich war, in die hintersten Räume des Hauses verbannte, sondern sie an den Gesprächen der Männer teilnehmen ließ. Man berichtet, er sei nie zum Haus ein- oder ausgegangen, ohne ihr einen Kuß zu geben.
Diese Frau eröffnete eine Schule für Rhetorik und Philosophie und setzte sich mutig für eine höhere Mädchenbildung ein. Nicht nur Mädchen aus reichen Familien besuchten ihre Schule, nein, auch viele Ehemänner schickten ihre Frauen zu ihr, und selbst die größten Philosophen besuchten zuweilen ihre Vorlesungen.

Um den Arbeitslosen Verdienst zu verschaffen, vergab er öffentliche Bauaufträge. Die Flotte erhielt neue Schiffe, Lagerhäuser wurden errichtet, in der größten Hafenstadt entstand eine Getreidebörse, und zur Befestigung der Stadt wurde eine 12 km lange Mauer gebaut. Die Überreste der damals entstandenen Tempelanlagen werden noch heute als vollendete Kunst bewundert.

Wer war der Mann, der das „Goldene Zeitalter" seines Staates heraufführte und der im 5. Jahrhundert v. Chr. an der Pest starb?

Lösung: ______________________________

Rom

Römer-Comic

Bei diesem unvollendeten Comic ist deine Phantasie gefragt!
Was mögen der Lehrer und der stehende Schüler miteinander reden, was die anderen denken?

Römer-Rätsel

Die Begriffe sind jeweils waagerecht einzutragen.
Die Buchstaben der schattierten Felder ergeben von oben nach unten das Lösungswort.

1 höchster Titel in der Republik

2 Unfreier

3 Große Heeresabteilung

4 Berühmter Feldherr und Staatsmann

5 Häuser der Reichen (Mehrzahl)

6 Volksvertreter

Lösungswort: ____________________

Rom

Römischer Offizier

In der römischen Kaiserzeit gab es 28 Legionen mit einer Stärke von je 5 500 Mann.
Die Legionen hatten in erster Linie Verteidigungsaufgaben und wurden eingesetzt bei Eroberungs-Feldzügen oder wenn Aufstände niedergeworfen beziehungsweise Angriffe abgewehrt wurden.
Jede Legion bestand aus 10 Kohorten, die wiederum in jeweils 6 Zenturien zu je 80 Soldaten unterteilt waren, an deren Spitze ein Offizier, der Zenturio, stand. Der Brustpanzer und die Beinschienen des Zenturion waren versilbert. Der rote Busch auf seinem silbernen Helm stand quer. Schwert und Dolch trug der Offizier jeweils an der anderen Seite als der einfache Legionär. Zur Kleidung gehörte auch ein roter Umhang und braun-lederne Fußsandalen.

Gelingt es dir, nach dieser Beschreibung etwas Farbe in das Soldatenleben zu bringen?

Rom

Großes Römer-Rätsel

Alle Rätsel-Wörter werden waagerecht eingetragen. Aus den dick umrandeten Feldern ergibt sich von oben nach unten gelesen als Lösung das, was die Mächtigen dem Volk versprachen, um sich beliebt zu machen (die grauen Felder werden nicht ausgefüllt).

1 Fluß durch Rom
2 Führer eines Sklavenaufstandes
3 Der Sage nach einer der Gründer Roms
4 Ursprünglicher Name des Augustus
5 Volksvertreter
6 Römerlager am Niederrhein
7 Kämpfer in der Arena
8 Große Arena in Rom
9 Staatsform Roms bis zur Zeit von Augustus
10 Grenzwall
11 Römische Badeanstalt (Mehrzahl)
12 Provinz westlich des Rheins
13 Beratendes Gremium mit 300 Mitgliedern

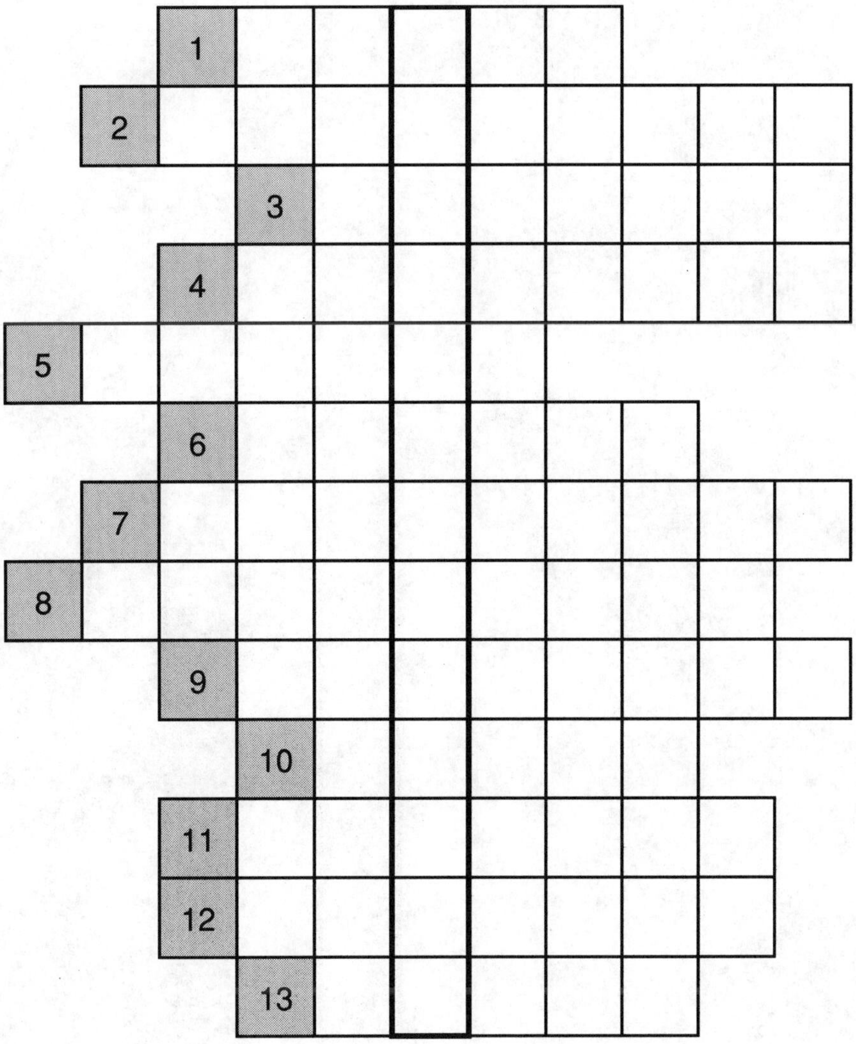

Lösung: ______________________________

Rom

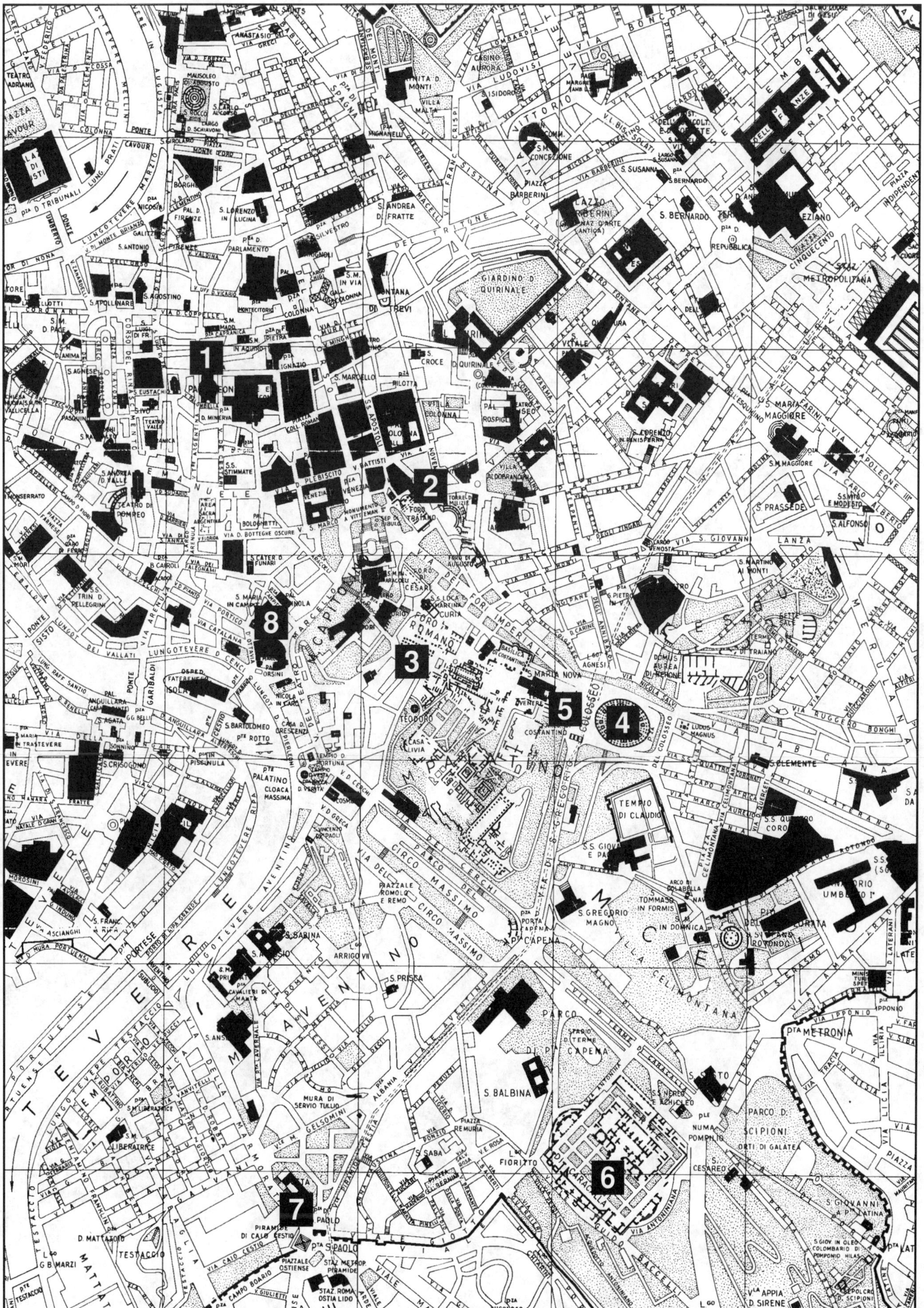
1
2
3
4
5
6
7
8
PANTHEON
GIARDINO D. QUIRINALE
FORO TRAIANO
FORO ROMANO
COLOSSEO
PALATINO
CIRCO MASSIMO
AVENTINO
TEVERE
TESTACCIO
PIRAMIDE DI CAIO CESTIO
VIA DEI FORI IMPERIALI
VIA APPIA
VIA NAZIONALE
STAZ. METROPOLITANA
PIAZZA BARBERINI
FONTANA DI TREVI
S. MARIA MAGGIORE
TEMPIO DI CLAUDIO
PARCO D. SCIPIONI
S. BALBINA
MURA DI SERVIO TULLIO
TEATRO DI POMPEO
MAUSOLEO DI AUGUSTO
VIA CAVOUR
PIAZZA VENEZIA
PIAZZALE ROMOLO E REMO

Rom

Ein Spaziergang durch das antike Rom

Aus dem Alltagsleben der Römer ist uns folgendes bekannt:
Die Mehrzahl der Römer ging schon bei Tagesanbruch zur Arbeit. Der Vornehme dagegen stand erst um 7 Uhr auf, um Bittsteller oder Freunde zu empfangen. Nach dem Frühstück erledigte er formelle Besuche und begab sich danach in den Senat oder ging seinen privaten Geschäften nach.

Um die Mittagszeit gab es einen leichten Imbiß, die Hauptmahlzeit wurde um 3 oder 4 Uhr eingenommen. Nach dem Essen arbeiteten Bauern und Arbeiter wieder bis zum Sonnenuntergang; andere suchten im Freien oder in den öffentlichen Bädern Erholung.
Beliebt waren vor allem die Thermen, wo man Sport treiben konnte, badete, sich massieren ließ und sich beim Schachspiel oder in Plaudereien entspannte.

Am Abend speisten die meisten Römer zu Hause. Es war Brauch, während des Essens zu liegen. Die ärmeren Schichten aßen zur Hauptsache Kornfrüchte, Milchprodukte, Obst und Gemüse. Auf den Tischen der Reichen fanden sich daneben die erlesensten Fleisch- und Fischgerichte.

Abwechslung in das Alltagsleben brachten die öffentlichen Spiele, die aus Anlaß von Kriegstriumphen, religiösen Feiern oder Kaisergeburtstagen stattfanden. Es gab Sportwettkämpfe, bei denen meist fremdrassige Berufssportler im Wettlauf, Diskuswerfen, Ringen oder Boxen antraten.
Noch beliebter waren die Wagenrennen im Circus Maximus. Die Spiele erreichten ihren Höhepunkt bei den Gladiatorenkämpfen im Kolosseum. Hatte einer der Kämpfer eine schwere Verletzung davongetragen, wurde das Publikum nach seinem Willen befragt. Hielten die Zuschauer den Daumen hoch, war der Unterlegene begnadigt; hielten sie den Daumen nach unten, hatte der Sieger seinen Gegner sofort umzubringen. Hohe Kultur und Grausamkeit lagen in Rom eng beieinander.

Im Stadtplan-Auszug der heutigen Stadt Rom auf Seite 21 sind folgende antike Stätten markiert:

1 = Pantheon

2 = Trajansforum

3 = Forum Romanum

4 = Kolosseum

5 = Konstantinsbogen

6 = Caracalla-Thermen

7 = Cestius-Pyramide

8 = Marcellus-Theater.

Zu diesen Sehenswürdigkeiten findest du auf den nachfolgenden Seiten Bilder und kurze Erläuterungstexte.

Vorschlag A:
Markiere im Stadtplan die günstigste Wegstrecke von 1 - 8 (zum Beispiel mit einem farbigen Leuchtstift). Danach kannst du den Plan auf einen größeren Karton oder ähnliches aufkleben. Nun können die Bilder und Texte ausgeschnitten und um den Stadtplan herum aufgeklebt werden.
Wenn du dann noch die Bilder/Texte durch Pfeile mit den Markierungspunkten im Stadtplan verbindest, hast du einen sehr guten Übersichtsplan für die Klassenwand.

Vorschlag B:
Schreibe mit Hilfe der Karte und der Texte einen Reiseführer durch das antike Rom. Dabei solltest du den Stadtplan (vorher Wegstrecke markieren) und die Bilder in den Text einfügen.

Vorschlag C:
„Komponiere" mit den nachfolgenden acht Bildern eine Foto-Collage vom antiken Rom. Natürlich kannst du dazu auch nur Teile der Bilder verwenden, sie farbig ausmalen, Ruinen rekonstruieren oder sonstwie verändern. Deiner künstlerischen Phantasie sind dabei keine Grenzen gesetzt.

Rom: Ein Spaziergang durch das antike Rom

Bilder

Das Pantheon (Piazza della Rotonda)

Die alten trajanischen Marktanlagen (am Ende des Trajansforum) Im Hintergrund links der sog. „Neroturm" (Torre delle Milizie, 13. Jh.: „Neroturm" erst seit dem 17. Jh. genannt); rechts Loggia der ehemaligen Residenz der Ritter von Rhodus.

Forum Romanum in seiner heutigen Gestalt

Kolosseum (Flavisches Amphitheater) in seiner heutigen Gestalt

Konstantinsbogen - von der Via S. Gregorio Magno (Via dei Trionfi) aus gesehen. Um den Triumphbogen herum antikes römisches Pflaster.

Luftbild der Caracallathermen. Rechts im Hintergrund das Kirchlein S. Sisto Vecchio (d.i. Sixtus II., 257-258), Papst und Märtyrer, dessen Erzdiakon der hl. Laurentius war.

Cestius-Pyramide

Marcellus-Theater: Von Julius Caesar begonnen und von Augustus eingeweiht (13 oder 11 v. Chr.); er widmete es Marcellus, dem Sohn seiner Schwester Octavia. In den Rängen der drei Stockwerke hatten etwa 20.000 Besucher Platz.

Rom: Ein Spaziergang durch das antike Rom

Kartentexte

Pantheon
Tempel zu Ehren der sieben Planetengottheiten (Diana, Apollo, Jupiter, Mars, Merkur, Saturn und Venus) von Kaiser Hadrian (117 - 138 n. Chr.) errichtet. Hinter der Vorhalle erhebt sich ein 43,5 m hoher Kuppelbau, dessen einzige Lichtquelle das Kuppelauge mit 9 m Durchmesser bildet.

Trajansforum
Das Forum wurde unter der Herrschaft des Kaisers Trajan in der Zeit von 101 - 113 n. Chr. erbaut. Noch heute kann man die Trajanssäule bewundern, auf der in ca. 3000 Darstellungen die Kriege des Kaisers abgebildet sind. Am Ende des Forums liegen die antiken Marktanlagen mit zahlreichen Läden und Lagerräumen.

Forum Romanum
Das Forum Romanum war der glanzvolle Mittelpunkt der kaiserlichen Stadt Rom mit einer Fülle von Tempeln, Palästen und Triumphbogen. Von hier aus entsandten die Kaiser ihre Feldherren in den Krieg. Nach hier kehrten die siegreichen Legionen mit reicher Beute und Gefangenen zurück. Leider benutzte man das Forum im Mittelalter als Marmor- und Steinbruch, so daß heute nur noch Reste des alten Glanzes zu sehen sind, so zum Beispiel der Triumphbogen des Septimius Severus und der Titus-Bogen.

Kolosseum
Am Kolosseum wurde ein Jahrzehnt gebaut (72 - 82 n. Chr.). Hier fanden ca. 50 000 Zuschauer Platz, die durch ein ausgeklügeltes Gangsystem ohne großes Gedränge die Arena betreten oder verlassen konnten.
Das Kolosseum war Schauplatz aufregender Tierhetzen und grausamer Gladiatorenkämpfe. Ab und zu wurde die Arena unter Wasser gesetzt, und dann fanden Seeschlachten und Wasserspiele statt. Viele Christen erlitten hier den Märtyrertod.

Konstantinsbogen
Der Triumphbogen wurde zu Ehren des ersten christlichen Kaisers Konstantin zwischen 313 und 315 n. Chr. errichtet.

Caracalla-Thermen
Dieses antike Luxusbad wurde von Kaiser Caracalla 217 n. Chr. eingeweiht. Die Gesamtanlage hat eine Länge und Breite von je 330 m. Hier standen einst 1600 marmorne Badesessel, Prachtsäle für Kalt- u. Warmbäder. Daneben lagen Saunaanlagen, Massage- und Gymnastikräume. Lesesäle, Gartenanlagen und Rennbahnen rundeten das Bild dieses antiken „Fitneß-Centers“ ab.

Cestius-Pyramide
Die kleine Pyramide wurde als Grabmal für den Prätor Caius Cestius († 12 v. Chr.) errichtet. Sie ist in die Stadtmauer einbezogen und als Liebäugelei mit der Pharaonenzeit eine kleine Absonderlichkeit des antiken Rom.

Marcellus-Theater
Das Theater wurde von Julius Cäsar begonnen und von Augustus etwa 11 v. Chr. eingeweiht. Hier fanden ca. 20 000 Zuschauer Platz.

Mittelalter I: Kaiser, Könige, Fürsten und Bischöfe

Malen nach Zahlen

Dieses Glasfenster stammt aus dem romanischen Dom in Straßburg, dem Vorläufer des heutigen gotischen Münsters. Der unbekannte Meister hat hier um 1200 den Kaiser Friedrich I. zugleich als Statthalter Gottes und weltlichen Fürsten mit den Königsinsignien Krone, Zepter und Reichsapfel dargestellt.

Mit den Farben rot (1), blau (2), grün (3) und gelb (4) kannst du das Fenster auf Seite 26 zum Leuchten bringen. Die restlichen Bildteile können beliebig ausgemalt werden.

Mittelalter I: Kaiser, Könige, Fürsten und Bischöfe

Wer war's?

Er war dreißig Jahre alt, als die Königswahl auf ihn fiel. Zwar war seine Gestalt nicht sonderlich eindrucksvoll, aber dennoch gilt er bei vielen als Inbegriff der mittelalterlichen Herrscherpersönlichkeit. Er war vor allem Ritter mit viel Sinn für Geste, Form und Zeremoniell, gewandt und beherrscht, als Krieger voll wilder Energie, als Heerführer besonnen und kühn zugleich und dennoch kein großer Feldherr. Er sprach gern Recht und schritt streng gegen Fehden, Unruhen u[illegible]

Für die ne[illegible] wenig Ve[illegible] Stadtbürge[illegible] Eigenleben[illegible] lentum, da[illegible] seiner Her[illegible] Bauern vo[illegible] sen, in den [illegible]

Sein Privatl[illegible] seine erste Ehe aufgelöst wurde, weil er glaubte, mit seiner Frau blutsverwandt zu sein. Durch seine zweite Heirat mit der Erbin des Grafen von Burgund gewann er nicht nur eine Gemahlin, sondern gleich ein ganzes Königreich dazu.

Sein Leben lang war er in zahllose Streitigkeiten und Kämpfe mit dem Papst verwickelt, war aber klug genug, es nicht - wie einer seiner Vorgänger rund 100 Jahre zuvor - zum Äußersten kommen zu lassen.

Ständig führte er Kriege gegen aufmüpfige Städte, vor allem in Italien.

Im Konflikt mit einem Verwandten ruhte er nicht eher, bis der Treulose besiegt und gedemütigt war. Mit folgenden Worten verhängte der gestrenge Herr im Jahre 1180 die Reichsacht über seinen Vetter: „Wir nehmen dich aus allen Rechten und setzen dich ins Unrecht. Wir machen deine Hausfrau zu einer Witwe und deine Kinder zu Waisen. Deine Lehen gehören dem Herrn, von dem du sie zu Lehen hast. Deinen Leib und dein Fleisch lassen wir den Tieren in den Wäldern, den Vögeln in den Lüften und den Fischen in den Wassern; wir erlauben auch jedem, dich auf allen Straßen zu töten. Wo ein Mann Fried und Geleit hat, da sollst du keines haben. Wir verweisen dich in die vier Straßen der Welt.“

Noch im hohen Alter startete er zu einem Kreuzzug ins Heilige Land, doch erreichte er sein Ziel nicht.

In der Türkei bereitete ein tragischer Unglücksfall seinem Leben ein jähes Ende. Doch behauptete später eine Sage, er sei nicht wirklich tot, sondern schlafe nur in einem Berg in Thüringen. In den Jahrhunderten sei sein Bart immer länger geworden und schließlich durch einen steinernen Tisch hindurchgewachsen. Eines Tages aber werde er erwachen und sein Land zu neuem Ruhm führen.

Wer war dieser Herrscher, dessen Todestag sich im Jahre 1990 zum 800sten Male jährte und den viele nur unter seinem italienischen „Spitznamen“ kennen?

Lösung: ______________________________

Mittelalter I: Kaiser, Könige, Fürsten und Bischöfe

Um die Ecke gedacht - ein Rätsel für Anspruchsvolle!

Alle Lösungen sind senkrecht einzutragen. Aus den stark umrandeten waagerechten Feldern ergibt sich der Lösungsbegriff.

1 Wie du Kind (Verzeihung!) - als er klein war (1 Wort)

2 Was Johannes der Täufer den Juden - war er den Deutschen

3 Nummer 1 auf der Königsnamen-Hitliste in Deutschland, England und Frankreich

4 Viel Trubel gab es da, **falls** Majestät anwesend war
(Tip: Im Namen eines Bundeslandes steckt's heute noch drin)

5 Rotbartiger Nichtschwimmer (als Kind vielleicht Fritz genannt)

6 Völkchen im Norden (denk' an die Witze!), wollte vom Missionar (Nr. 2) nicht viel wissen

7 Er zog vor dem Heer her

8 Er ließ den Kaiser im Schnee stehen

9 Ohne die saß keiner auf dem Throne

10 Da bekam der Kaiser kalte Füße

11 Die schlugen sich mit dem Waagerechten 30 Jahre lang herum
(unter Führung von Nr. 1)

12 Reiseziel der Ritter mit dem Kreuz

13 Charlys (Verzeihung, Majestät!) Lieblingsort

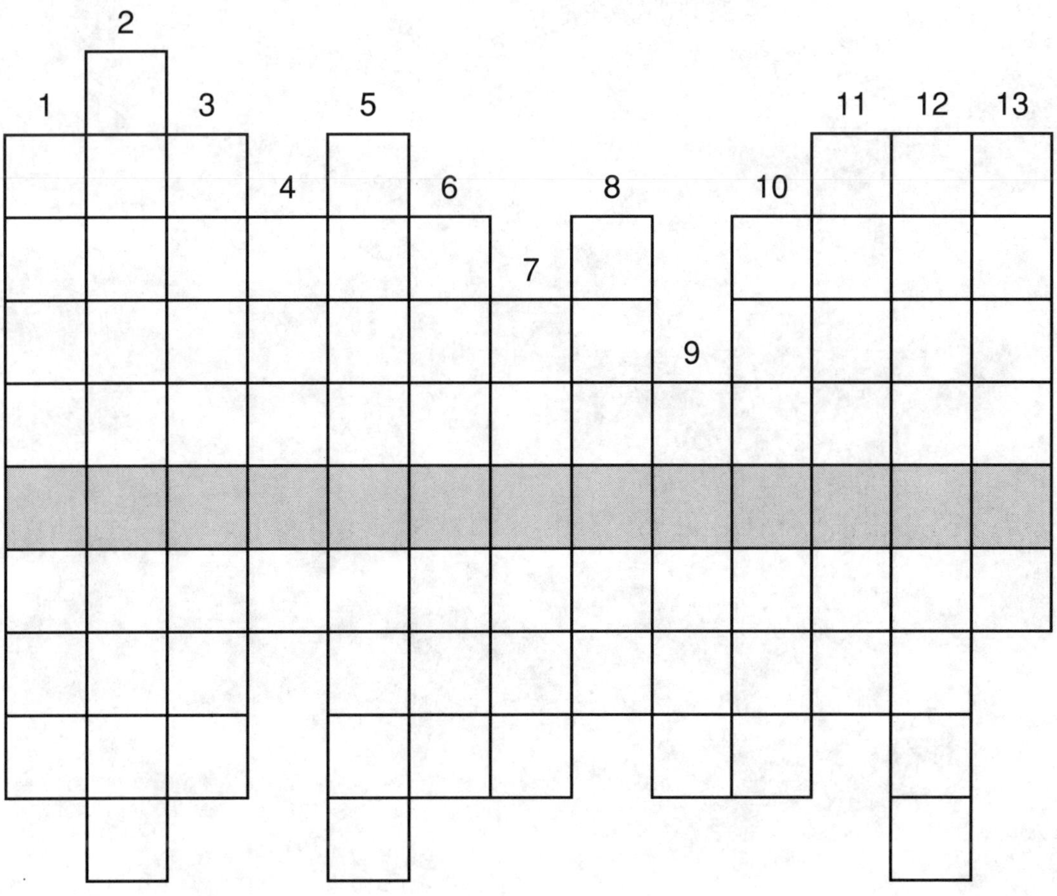

Lösungsbegriff: ______________________

Mittelalter II: Ritter und Burgen, Mönche und Klöster

Die Wartburg bei Eisenach

Der Sage nach wurde die Wartburg im Jahre 1067 errichtet. Vermutlich handelte es sich zunächst nur um eine kleine, hölzerne Anlage.

Gegen Ende des 12. Jahrhunderts wurde die Wartburg zum Zentrum der höfisch-ritterlichen Kultur in Deutschland. Hier trafen sich die berühmtesten Dichter und Minnesänger der Zeit: Wolfram von Eschenbach, Heinrich von Veldeke und Walter von der Vogelweide. Im Landgrafenhaus der Anlage (dem sogenannten Palas) ließ Landgraf Hermann I. Sängerwettstreite austragen.

Kurze Zeit später, von 1207 - 1231, lebte die ungarische Königstochter Elisabeth als Frau des Landgrafen Ludwig IV. von Thüringen auf der Wartburg. Als ihr Gemahl bei einem Kreuzzug ums Leben kam, widmete sich Elisabeth ganz einem Leben in Armut und im Dienst an den Armen und Kranken. Später gründete sie in Marburg ein Hospital, in dem sie selbst in tätiger Hingabe an die Kranken die niedrigsten Dienste verrichtete. Elisabeth wurde 1235 heiliggesprochen.

Auch nach dem Ende der Ritterzeit wurde auf der Wartburg noch „Geschichte gemacht". 1521 versteckte der sächsische Kurfürst Friedrich der Weise den Mönch Martin Luther auf der Burg. Auf dem Reichstag zu Worms war Luther seinen Lehren treu geblieben und deshalb für vogelfrei erklärt worden. Der Kurfürst ließ ihn zum Schein überfallen und auf die Wartburg bringen. In der heute noch zu besichtigenden Lutherstube übersetzte der als „Junker Jörg" verkleidete Reformator innerhalb von nur 10 Monaten die Bibel ins Deutsche. Dabei erschien ihm - jedenfalls der Legende zufolge - der Teufel.

Doch Luther griff beherzt zum Tintenfaß und bewarf damit den „Leibhaftigen", worauf dieser schleunigst die Flucht ergriff. Zurück blieb ein dicker Tintenfleck an der Wand.
Doch Wissenschaftler fanden heraus: Bei dem Wandfleck handelte es sich um Rußschwärze von einem Kamin, der hier zu Luthers Zeiten gestanden hatte.

Am 17. und 18. Oktober 1817, also zum 300. Jahrestag der Reformation, versammelten sich etwa 500 fortschrittliche Burschenschafts-Studenten und Professoren auf der Wartburg. Sie demonstrierten für bürgerliche Freiheitsrechte und für ein einiges deutsches Vaterland. Gegen Abend wurde ein Feuer entzündet, es erklangen Freiheitslieder, und einige preußische Uniformstücke und fürstenfreundliche Bücher gingen in Flammen auf. Daraufhin wurden die Burschenschaften verboten, eine Pressezensur und die Aufsicht über die Universitäten eingeführt. Den Willen nach Freiheit und Einheit konnten diese Maßnahmen aber auf Dauer nicht unterdrücken.

Von 1952 bis 1967 wurde die Burg sorgfältig restauriert und ist im alten Glanze wiedererstanden. Im Sängersaal erinnern die Bilder Moritz von Schwinds an die Geschichte der Burg und ihrer Bewohner, und vom Bergfried aus grüßt das Kreuz weit hinein in das Thüringer Land.

Heute ist die Wartburg ein touristischer Anziehungspunkt ersten Ranges. Vor allem seit dem 9. November 1989 zieht es Tausende von Bundesbürgern nach Thüringen. Sie besuchen nicht nur eine wunderschöne Ritterburg, sondern auch ein Symbol gemeinsamer deutscher Kultur und Geschichte.

Mittelalter II: Ritter und Burgen, Mönche und Klöster

Die Wartburg bei Eisenach

Hast du Lust, die Burg farbig auszumalen?

1 = Graben
2 = Zugbrücke
3 = Äußeres Burgtor
4 = Vorburg mit Häusern für Ritter, Dienstmann und Mägde
5 = Zwinger der Vorburg
6 = Inneres Burgtor
7 = Kemenate (Haus der Ritterfrauen)
8 = Bergfried
9 = Palas oder Landgrafenhaus
10 = Zisterne (Brunnen)
11 = Pferdeställe
12 = Wehrturm
13 = Mauer mit Schießscharten
14 = Wehrgang

Arbeitsvorschläge:

1. Schreibe mit Hilfe der geschichtlichen Darstellung und der Zeichnung oben einen Text für einen Reiseführer!
2. Stell dir vor, du solltest eine Reisegruppe durch die Burg führen! Erkläre die einzelnen Gebäudeteile (Überlege dabei, wozu sie im einzelnen dienten)!
3. Versuche, nach dem Bild oben einen Grundriß der Anlage zu zeichnen. Verwende dabei die Nummern 1 - 14!

Mittelalter III: Die Bauern

Die Bauernhochzeit

Der Nürnberger Künstler Erhard Schön hat um 1527 diesen Holzschnitt einer Bauernhochzeit geschaffen: In einer engen Bauernstube sitzt die Hochzeitsgesellschaft - außer der bekränzten Braut sind übrigens nur Männer dargestellt - um einen vollbeladenen Tisch. Ein Dudelsackpfeifer spielt die „Tafelmusik" dazu. Begeistert werden drei Männer begrüßt, die neue Fleischschüsseln hereintragen und offenbar nicht recht wissen, wo sie diese abstellen sollen. Zwei Gäste haben sich im Essen und Trinken offenbar reichlich übernommen und geben nun ungehemmt ihrem „Entleerungsbedürfnis" nach. Entspricht dieses Bild der Wirklichkeit?

Sicher ist, daß bei Kindtaufen, Hochzeiten oder Begräbnissen solche Freß- und Sauforgien vorkamen, vorausgesetzt, der Gastgeber war wohlhabend genug, den Schmaus zu finanzieren. Doch diesen Völlereien standen oft Wochen und Monate des Hungers gegenüber. Ein verregneter oder zu trockener Sommer rief unweigerlich eine Hungersnot hervor. Wer konnte es den Bauern verdenken, wenn sie sich dann bei entsprechender Gelegenheit ordentlich die Bäuche vollschlugen?
Fest steht aber auch, daß derartige Bilder dazu dienten, die Bauern zu verspotten und lächerlich zu machen. „Der Bauer ist an Ochsen Statt, nur daß er keine Hörner hatt!" So hieß ein oft gehörter Spruch. Er entsprach der Meinung der höheren Stände, in deren Augen die Bauern eine völlig untergeordnete Rolle spielten. Derartige Bilder und Texte dienten dazu, die Minderwertigkeit des Bauernstandes zu verdeutlichen.
Überlege:

1. Was kann man aus dem Bild über Essen, Tischsitten und Gerätschaften der Bauern erfahren?
2. Beschreibe die dargestellten Personen (Kleidung, Gesten, Aussehen, Benehmen)!
3. Welche Absichten verfolgte der Künstler mit seiner Darstellung?

Original und Fälschung: Bei der Fälschung des Spottbildes auf die derben bäuerlichen Sitten haben sich 14 Fehler eingeschlichen. Umkreise die Veränderungen mit einem Stift!

Original

Fälschung

Mittelalter III: Die Bauern

Werkzeuge der Bauern

Auf dem Bild sind zwei Bauern bei der Arbeit dargestellt. Trage die von 1 - 7 numerierten Werkzeuge in das Rätsel waagerecht ein. Die dick umrandeten Felder ergeben von oben nach unten gelesen das Lösungswort.

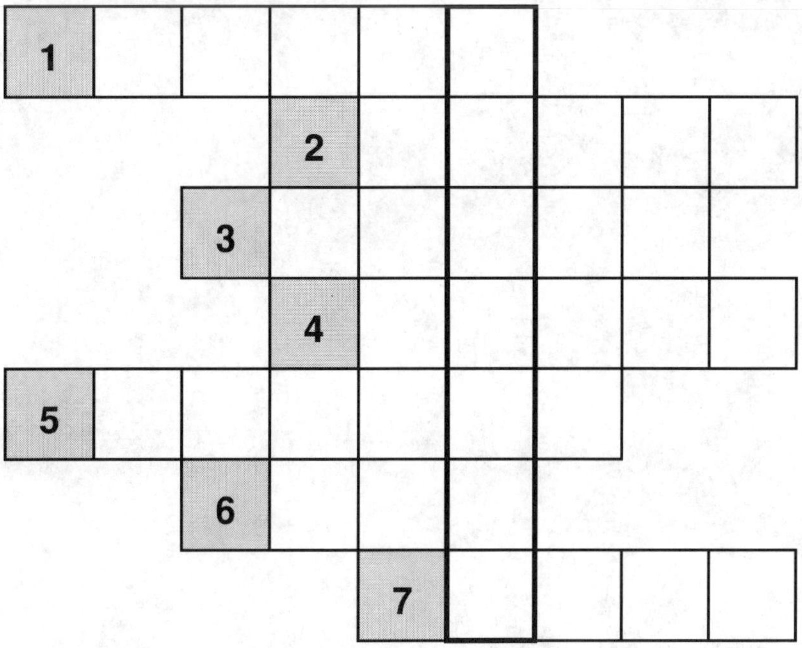

Lösungswort: ______________________

Mittelalter III: Die Bauern

„Rätselschnecke“

Die 11 Rätselwörter sind in Pfeilrichtung (also auch rückwärts) einzutragen. Der letzte Buchstabe eines Wortes ist immer gleich dem Anfangsbuchstaben des nächsten Wortes (also nur einmal eintragen).

1 So lag der Acker, wenn er nicht bebaut wurde

2 Bäuerlicher Besitz

3 Arbeit auf den Feldern des Herrn

4 Auch davon war (und ist) der Bauer - und wir alle abhängig

5 Urbarmachung

6 An ihn hatte der Bauer seine Abgaben zu leisten

7 Wichtige Erfindung, die zum Beispiel auch den Pflug beweglicher machte

8 Ansiedlung

9 Das gaben die Bauern auf, wenn sie nicht in den Krieg ziehen wollten

10 Anlaß zur Abgabe des „Besthauptes“

11 Feldbausystem im Mittelalter

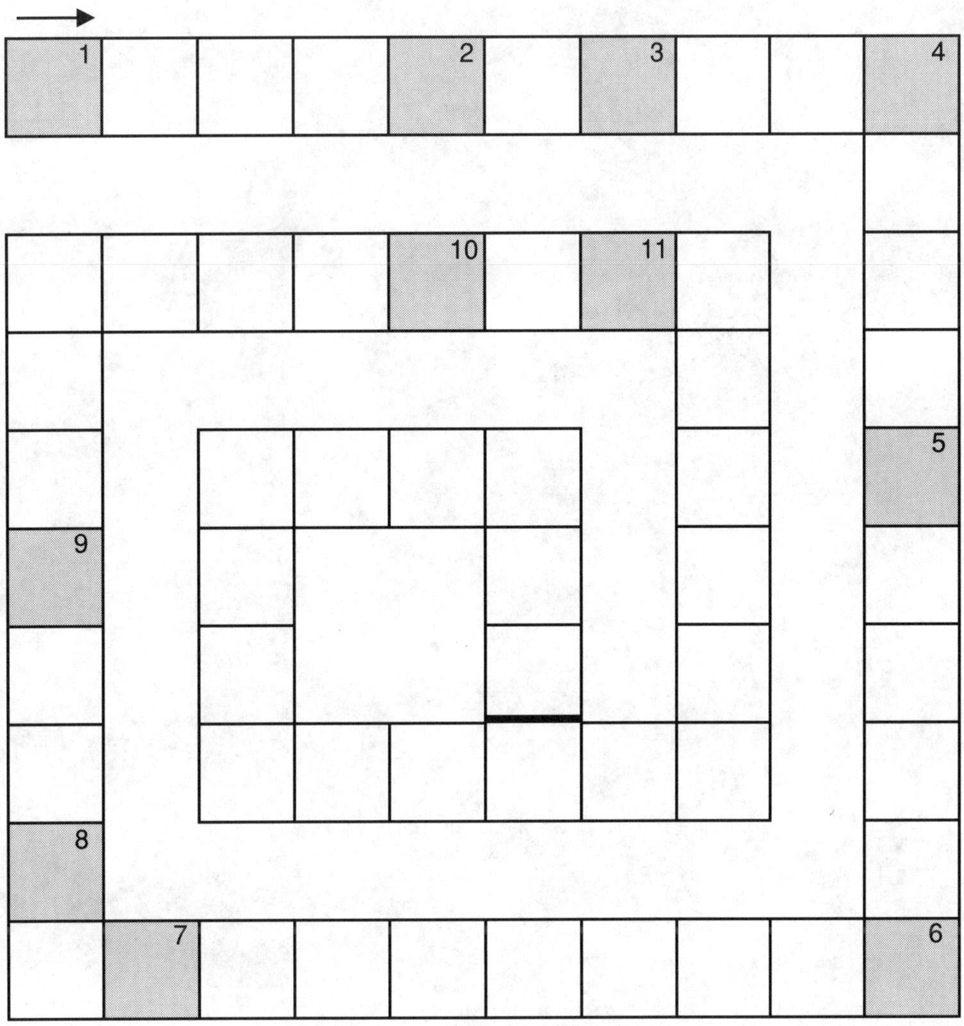

Mittelalter III: Die Bauern

„Die Niederländischen Sprichwörter“

Der holländische Maler Pieter Brueghel d. Ä. (1525-1569) kümmerte sich im Gegensatz zu den meisten seiner Kollegen wenig um die Darstellung von Königen, Fürsten oder Prinzessinnen. Sein Interesse galt den einfachen Menschen, vor allem den Bauern. In seinem Bild „Die Niederländischen Sprichwörter“ auf Seite 36 hat er über 100 Redensarten seiner Zeit dargestellt. Einige davon sind uns auch heute noch geläufig.

Wenn du die Nummern der unten aufgeführten Sprichwörter richtig herausgefunden und addiert hast, muß die Zahl 31 herauskommen. Versuche auch, die Bedeutung zu erklären.

Sprichwort:
Er schüttet den Brunnen zu, wenn das Kalb (Kind) ertrunken ist. Nummer? ☐

Bedeutung: ______________________

____

Sprichwort:
Er hängt den Mantel nach dem Wind. Nummer? ☐

Bedeutung: ______________________

____

Sprichwort:
Er wirft Rosen (Perlen) vor die Säue. Nummer? ☐

Bedeutung: ______________________

____

Sprichwort:
Er rennt mit dem Kopf gegen die Wand. Nummer? ☐

Bedeutung: ______________________

____

Sprichwort:
Er wirft sein Geld ins Wasser (zum Fenster hinaus). Nummer? ☐

Bedeutung: ______________________

____

Sprichwort:
Er läßt die Welt auf seinem Daumen tanzen (alles tanzt nach seiner Pfeife). Nummer? ☐

Bedeutung: ______________________

____

Summe: ______

Wir danken den Staatl. Museen Preußischer Kulturbesitz - Gemäldegalerie - Berlin für die freundliche Abdruckgenehmigung.

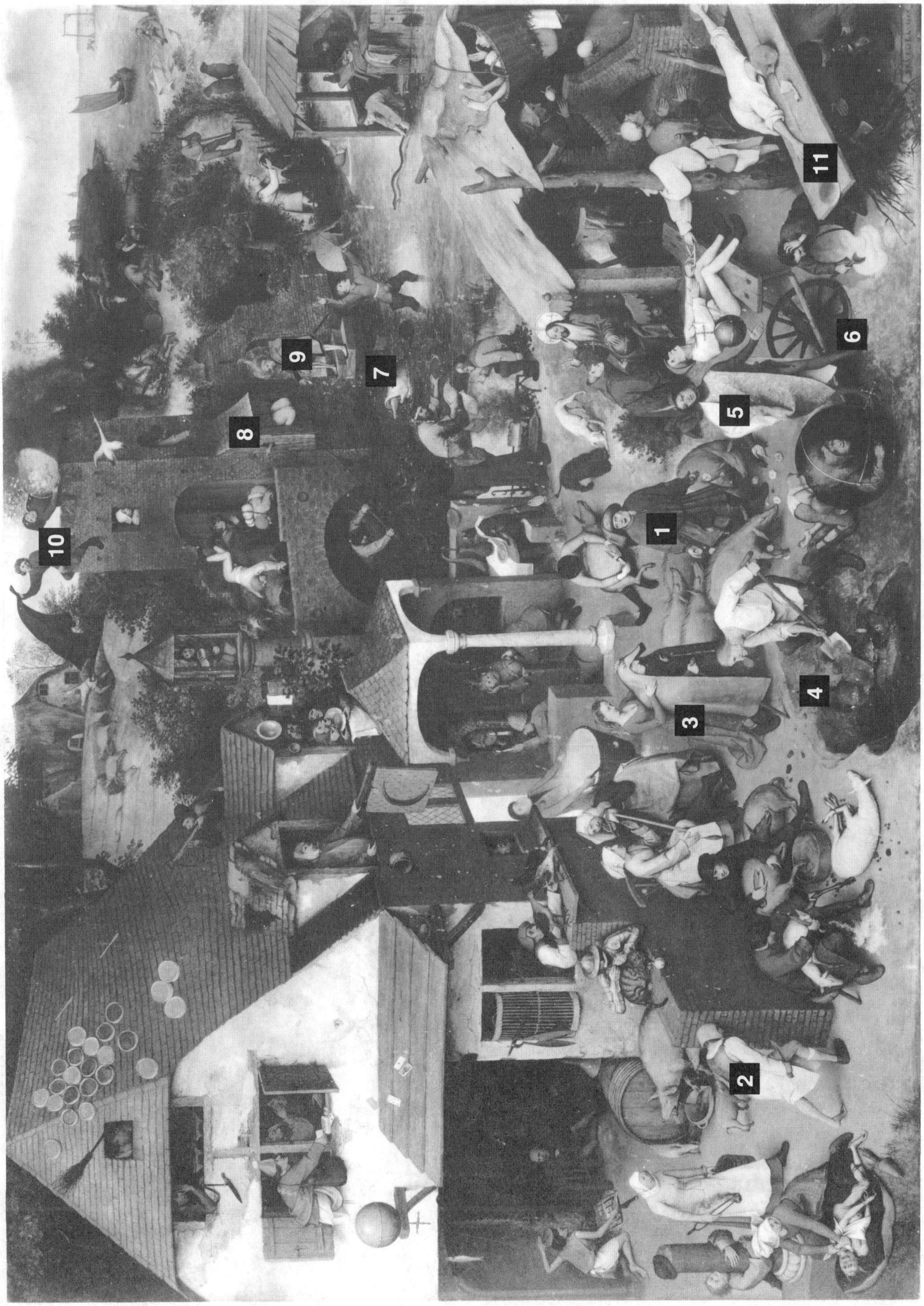

Mittelalter IV: Die Stadt

Stadt-Rätsel

Alle Rätselwörter werden waagerecht eingetragen (Umlaute = 2 Buchstaben). Die Buchstaben der schattierten Felder ergeben von oben nach unten gelesen den Lösungsspruch.

1 Städtebund
2 Baustil im Hochmittelalter
3 Platz zum Verkauf von Waren
4 Vereinigung der Kaufleute
5 Stadtregierung
6 Abgabe am Stadttor
7 Stadtbefestigung
8 Vereinigung der Handwerker
9 Selbständiger Handwerker
10 Baustil im Frühmittelalter
11 Kleine Straße i.d. Stadt
12 Geistlicher Stadtgründer
13 Zentrales Gebäude
14 Handelsmeer
15 Händler
16 Stadtbewohner
17 Ansteckende Krankheit
18 Hafenstadt (heute UDSSR)

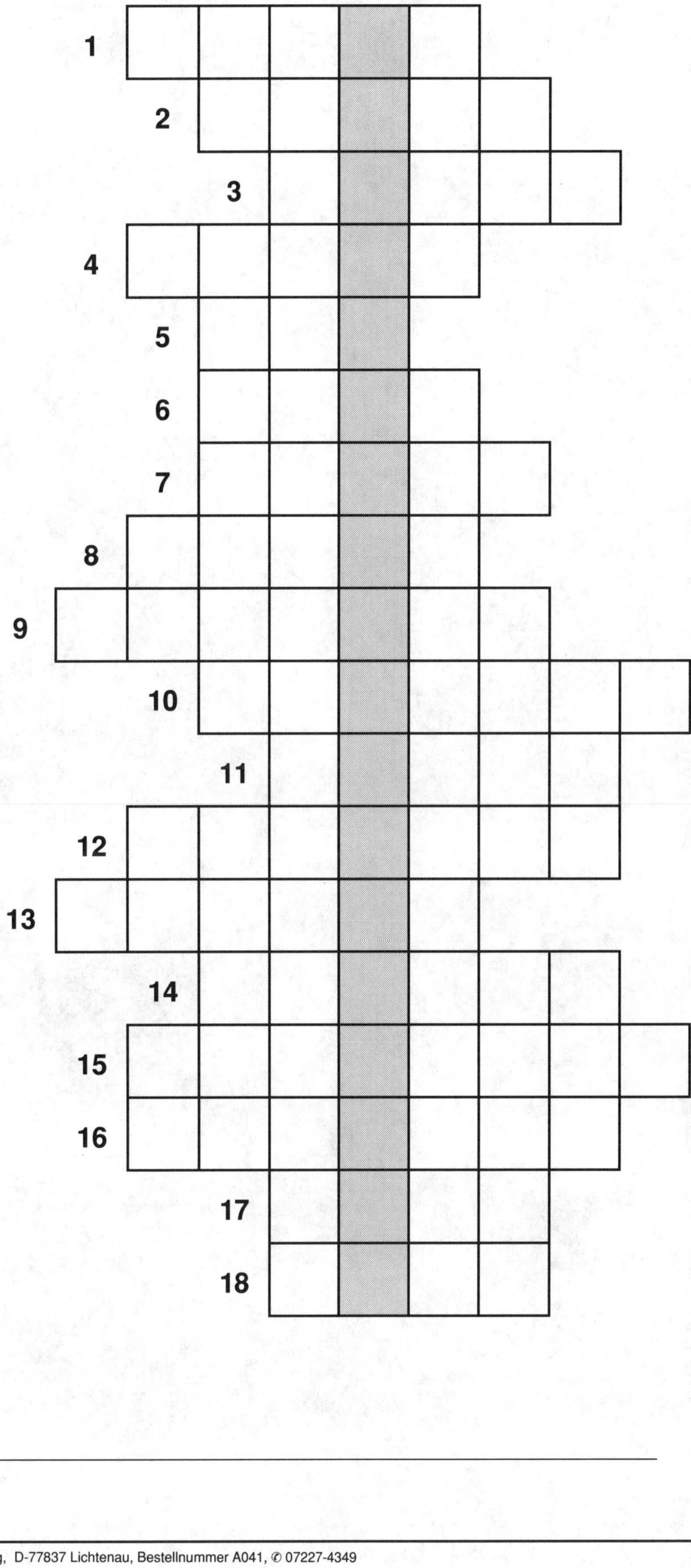

Lösungsspruch: ______________________________

Mittelalter I - IV

Was paßt nicht zum Oberbegriff?

Jeweils ein Wort paßt nicht zum Oberbegriff. Streiche die unpassenden Begriffe, addiere die Anzahl der gestrichenen Wörter in jeder Spalte und multipliziere mit 1, 2, 3, 4. Die Summen der vier Spalten ergeben zusammen die Lösungzahl.

Oberbegriff	1	2	3	4
Germanen	Claudius	Wotan	Donar	Arminius
Völkerwanderung	Goten	Preußen	Franken	Wandalen
Christianisierung	Missionar	Bonifatius	Tacitus	Märtyrer
Bischofsstädte	Paderborn	Münster	Berlin	Osnabrück
Islam	Allah	Bibel	Koran	Mekka
Karl d. Große	Bonn	Pfalz	Aachen	Einhard
Kaisernamen	Otto	Heinrich	Friedrich	Gunther
Kaiserfamilien	Staufer	Salier	Bayern	Sachsen
Herrschaftszeichen	Zepter	Speer	Krone	Schwert
Kaiser u. Papst	Crema	Canossa	Gregor	Heinrich
Barbarossa	Rotbart	Saleph	Kreuzzug	Urban
Kreuzzüge	Palästina	Ägypten	Jerusalem	Urban
Ritter	Turnier	Stadt	Minne	Knappe
Burgen	Zugbrücke	Bergfried	Bad	Mauer
Landwirtschaft	Brache	Kartoffel	Getreide	Pflug
Grundherrschaft	Fron	Zehnt	Zins	Gehalt
Mönchsorden	Bernhardiner	Franziskaner	Benediktiner	Zisterzienser
Klosterleben	Gehorsam	Erfolg	Demut	Armut
Handwerksberufe	Maurer	Schweißer	Schmied	Bäcker
Stadtentstehung	Burg	Fluß	Kloster	Gebirge
Städt. Gebäude	Museum	Rathaus	Stadttor	Stadtmauer
Juden	Freiheit	Handel	Geldverleih	Verfolgung
Zünfte	Ausbildung	Konkurrenz	Meister	Handwerk
Ostsiedlung	Schlesien	Westfalen	Ritterorden	Marienburg
Hanse	Ostsee	Mittelmeer	Kogge	Handel
Hansestädte	Berlin	Riga	Lübeck	Köln
Summen:				

Summe der einzelnen Spalten = Lösungszahl: ____________________

Mittelalter I - IV

Richtig oder falsch?

Prüfe, ob die Aussagen richtig oder falsch sind, kreuze entsprechend an und addiere zum Schluß die Zahlen!

Aussage	richtig 1	falsch 2
Aachen war die Hauptstadt des Frankenreiches.	☐	☐
Für treue Dienste verlieh der König Land an Grafen oder Bischöfe.	☐	☐
Kaiser Friedrich I. wurde mit Beinamen „Barbarossa" genannt.	☐	☐
Im Investiturstreit ging es darum, ob der Kaiser oder der Papst die Bischöfe einsetzen durfte.	☐	☐
Alle Bauern waren von einem Grundherrn abhängig.	☐	☐
Grundherrschaft - das war praktisch das Gleiche wie Sklaverei.	☐	☐
Die „Allmende" bestand aus Wiesen und Wald und gehörte allen Bauern gemeinsam.	☐	☐
Die Kartoffel war das Hauptnahrungsmittel im Mittelalter.	☐	☐
Frauen und Männer waren im Mittelalter gleichberechtigt.	☐	☐
Der Leitsatz der Benediktiner „ora et labora" bedeutet „bete und arbeite".	☐	☐
Nur ein Ort mit mehr als 5000 Einwohnern durfte sich Stadt nennen.	☐	☐
Juden waren in den Städten gleichberechtigte Bürger.	☐	☐
Der gotische Baustil ist durch niedrige Türme und Rundbögen an Türen und Fenstern erkennbar.	☐	☐
Die mächtigsten und reichsten Stadtbewohner nannte man „Patrizier".	☐	☐
Die Autokennzeichen HH, HB und HL bedeuten Hansestadt Hamburg, Hansestadt Bremen und Hansestadt Lübeck.	☐	☐

Lösungszahl: ____________________

Rom

Arbeitsblatt 18: Römerrätsel

Lösungswort: KAISER

K	O	N	S	U	L
S	K	L	A	V	E
L	E	G	I	O	N
C	A	E	S	A	R
V	I	L	L	E	N
T	R	I	B	U	N

Zu dem **Arbeitsblatt 19** gibt es verständlicherweise **keine** Lösung!

Arbeitsblatt 20: Großes Römer-Rätsel

Lösung: BROT UND SPIELE

		1	T	I	B	E	R			
	2	S	P	A	R	T	A	C	U	S
			3	R	O	M	U	L	U	S
		4	O	C	T	A	V	I	A	N
5	T	R	I	B	U	N				
		6	X	A	N	T	E	N		
	7	G	L	A	D	I	A	T	O	R
8	K	O	L	O	S	S	E	U	M	
		9	R	E	P	U	B	L	I	K
			10	L	I	M	E	S		
		11	T	H	E	R	M	E	N	
		12	G	A	L	L	I	E	N	
			13	S	E	N	A	T		

Zu den **Arbeitsblättern 21 - 24** gibt es verständlicherweise **keine** Lösungen!

Mittelalter I

Zu den **Arbeitsblättern 25 und 26** gibt es keine Lösungen.

Arbeitsblatt 27: FRIEDRICH I. (BARBAROSSA)

Arbeitsblatt 28: Rätsel für Anspruchsvolle!

Lösung: KARL DER GROßE

	2											
1	B	3		5						11	12	13
W	O	H	4	F	6		8		10	S	J	A
I	N	E	P	R	F	7	G		C	A	E	A
D	I	I	F	I	R	H	R	9	A	C	R	C
U	F	N	A	E	I	E	E	K	N	H	U	H
K	A	R	L	D	E	R	G	R	O	S	S	E
I	T	I	Z	R	S	Z	O	O	S	E	A	N
N	I	C		I	E	O	R	N	S	N	L	
D	U	H		C	N	G		E	A		E	
	S			H							M	

Mittelalter II

Zu den **Arbeitsblättern 29 und 30** gibt es verständlicherweise **keine** Lösungen!

Mittelalter III

Zu dem **Arbeitsblatt 31** gibt es verständlicherweise **keine** Lösung!

Arbeitsblatt 32: Original und Fälschung

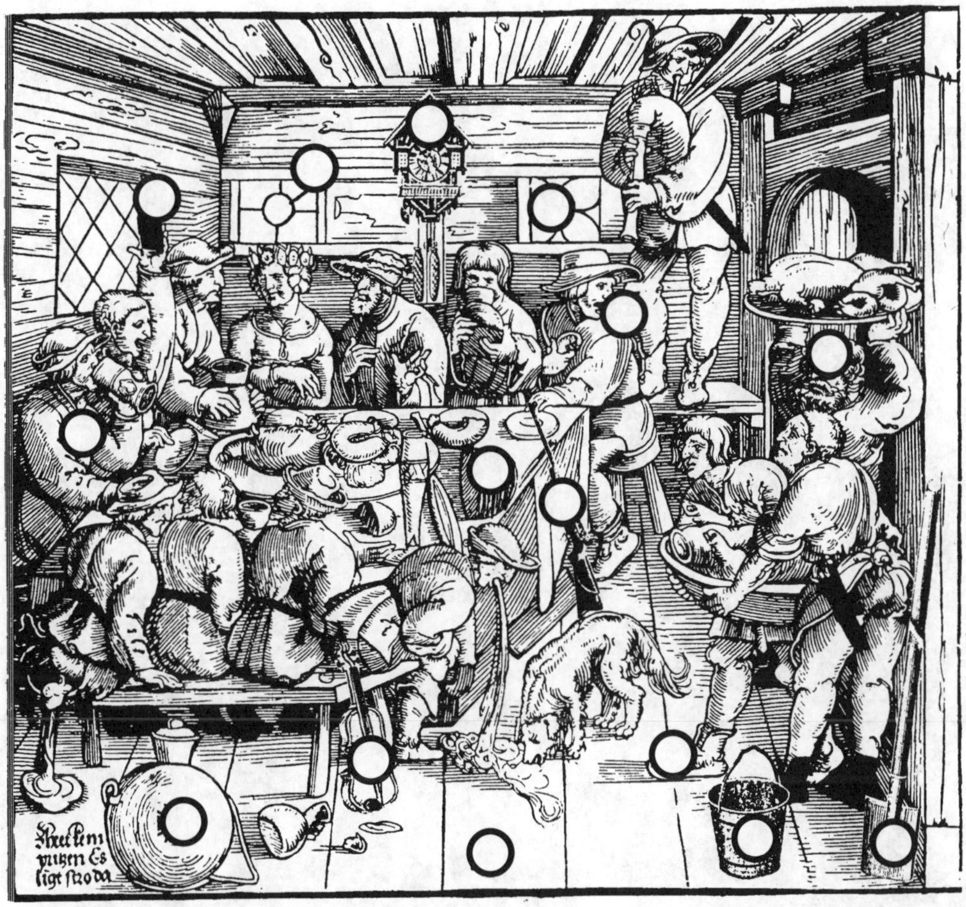

Arbeitsblatt 33: Werkzeuge der Bauern

Lösungswort: GERAETE

1	P	F	L	U	G			
			2	S	E	N	S	E
		3	H	A	R	K	E	
			4	H	A	C	K	E
5	S	I	C	H	E	L		
		6	A	X	T			
				7	E	G	G	E

Mittelalter III

Arbeitsblatt 34: Rätselschnecke

→

B 1	R	A	C	H 2	O	F 3	R	O	N 4
									A
I	H	E	I	T 10	O	D 11	R		T
E							E		U
R		S	C	H	A		I		R 5
F 9		T			F		F		O
R		R			T		E		D
O		I	W	R	E	D	L		U
D 8									N
A	R 7	R	E	H	D	N	U	R	G 6

Arbeitsblatt 35: „Die Niederländischen Sprichwörter"

Falls Sie den Schülern eine zusätzliche Hilfe geben möchten, tragen Sie die Lösungszahl 31 auf dem Arbeitsblatt ein.

Sprichwörter	**Nummer:**
Er schüttet den Brunnen zu, wenn das Kalb (Kind) ertrunken ist. **Bedeutung:** Einer, der erst das Richtige tut, wenn es schon zu spät ist.	4
Er hängt den Mantel nach dem Wind. **Bedeutung:** Jemand, der nur auf seinen persönlichen Vorteil bedacht ist, egal, von welcher Seite er zu erwarten ist.	10
Er wirft Rosen (Perlen) vor die Säue. **Bedeutung:** Etwas für Leute tun, die es nicht zu schätzen wissen.	1
Er rennt mit dem Kopf gegen die Wand. **Bedeutung:** Starrköpfiger Mensch, der etwas Unmögliches erreichen will.	2
Er wirft sein Geld ins Wasser (zum Fenster hinaus). **Bedeutung:** Jemand, der Geld oder Mühen für etwas Unsinniges einsetzt, von dem er nichts hat.	9
Er läßt die Welt auf seinem Daumen tanzen (alles tanzt nach seiner Pfeife). **Bedeutung:** Herrschsüchtiger Mensch, der nach dem Motto verfährt: „Alles hört auf mein Kommando!".	5
Summe:	**31**

Mittelalter IV

Arbeitsblatt 37: Die ideale Stadt

Burg	2
Pfarrkirche	1
Friedhof	11
Mühle	7
Stadtmauer	5
Rathaus	3
Kloster	10
Stapelplatz	6
Marktplatz	4
Stadttor	8
Bürgerhäuser	12
Brücke	9

Arbeitsblatt 38: Stadt-Rätsel

Lösung: STADTLUFT MACHT FREI

1		H	A	N	S	E			
2			G	O	T	I	K		
3				M	A	R	K	T	
4		G	I	L	D	E			
5			R	A	T				
6			Z	O	L	L			
7			M	A	U	E	R		
8		Z	U	N	F	T			
9	M	E	I	S	T	E	R		
10			R	O	M	A	N	I	K
11				G	A	S	S	E	
12		B	I	S	C	H	O	F	
13	K	I	R	C	H	E			
14			O	S	T	S	E	E	
15		K	A	U	F	M	A	N	N
16		B	U	E	R	G	E	R	
17				P	E	S	T		
18				R	I	G	A		

Mittelalter I - IV

Arbeitsblatt 39: Was paßt nicht zum Oberbegriff? Lösungszahl: 57

Oberbegriff	1	2	3	4
Germanen	C~~laudius~~	Wotan	Donar	Arminius
Völkerwanderung	Goten	P~~reußen~~	Franken	Wandalen
Christianisierung	Missionar	Bonifatius	T~~acitus~~	Märtyrer
Bischofsstädte	Paderborn	Münster	~~Berlin~~	Osnabrück
Islam	Allah	~~Bibel~~	Koran	Mekka
Karl d. Große	~~Bonn~~	Pfalz	Aachen	Einhard
Kaisernamen	Otto	Heinrich	Friedrich	G~~unth~~er
Kaiserfamilien	Staufer	Salier	~~Bayer~~n	Sachsen
Herrschaftszeichen	Zepter	~~Speer~~	Krone	Schwert
Kaiser u. Papst	~~Crema~~	Canossa	Gregor	Heinrich
Barbarossa	Rotbart	Saleph	Kreuzzug	~~Urban~~
Kreuzzüge	Palästina	Ä~~gypt~~en	Jerusalem	Urban
Ritter	Turnier	~~Stadt~~	Minne	Knappe
Burgen	Zugbrücke	Bergfried	~~Bad~~	Mauer
Landwirtschaft	Brache	Ka~~rtoff~~el	Getreide	Pflug
Grundherrschaft	Fron	Zehnt	Zins	~~Gehalt~~
Mönchsorden	Ber~~nhard~~iner	Franziskaner	Benediktiner	Zisterzienser
Klosterleben	Gehorsam	~~Erfolg~~	Demut	Armut
Handwerksberufe	Maurer	Sc~~hweiß~~er	Schmied	Bäcker
Stadtentstehung	Burg	Fluß	Kloster	~~Gebirge~~
Städt. Gebäude	M~~useum~~	Rathaus	Stadttor	Stadtmauer
Juden	~~Freiheit~~	Handel	Geldverleih	Verfolgung
Zünfte	Ausbildung	Ko~~nkurre~~nz	Meister	Handwerk
Ostsiedlung	Schlesien	W~~estfal~~en	Ritterorden	Marienburg
Hanse	Ostsee	Mi~~ttelme~~er	Kogge	Handel
Hansestädte	~~Berlin~~	Riga	Lübeck	Köln
Summe:	7	22	12	16

Arbeisblatt 40: Richtig oder falsch? Lösungszahl: 23

Falls Sie den Schülern eine zusätzliche Hilfe geben möchten, tragen Sie die Lösungszahl 23 auf dem Arbeitsblatt ein.

	richtig 1	falsch 2
Aachen war die Hauptstadt des Frankenreiches		X
Für treue Dienste verlieh der König Land an Grafen oder Bischöfe.	X	
Kaiser Friedrich I. wurde mit Beinamen „Barbarossa" genannt.	X	
Im Investiturstreit ging es darum, ob der Kaiser oder der Papst die Bischöfe einsetzen durfte.	X	
Alle Bauern waren von einem Grundherrn abhängig.		X
Grundherrschaft - das war praktisch das Gleiche wie Sklaverei.		X
Die „Allmende" bestand aus Wiesen und Wald und gehörte allen Bauern gemeinsam.	X	
Die Kartoffel war das Hauptnahrungsmittel im Mittelalter.		X
Frauen und Männer waren im Mittelalter gleichberechtigt.		X
Der Leitsatz der Benediktiner „ora et labora" bedeutet „bete und arbeite".	X	
Nur ein Ort mit mehr als 5000 Einwohnern durfte sich Stadt nennen.		X
Juden waren in den Städten gleichberechtigte Bürger.		X
Der gotische Baustil ist durch niedrige Türme und Rundbögen an Türen und Fenstern erkennbar.		X
Die mächtigsten und reichsten Stadtbewohner nannte man „Patrizier".	X	
Die Autokennzeichen HH, HB und HL bedeuten Hansestadt Hamburg, Hansestadt Bremen und Hansestadt Lübeck.	X	